Dieses Buch gehört: